COPYWRITING STRATEGICO

La Guida Pratica più Completa per Scrivere sul Web e Agire come un Copywriter Professionista

FRANCESCO PAPA

Copywriting Strategico © 2019 Francesco Papa - Tutti i diritti riservati

È vietata la riproduzione, anche parziale, dei contenuti di questo libro. Tutti i diritti sono riservati in tutti i paesi, compresi i diritti di traduzione, di memorizzazione elettronica e di adattamento totale o parziale, con qualsiasi tecnologia.
La riproduzione di contenuti richiede esplicita autorizzazione scritta dell'Autore.

SOMMARIO

Che cos'è il Copywriting 1
I vantaggi del Copywriting per il tuo Business 3
Il lavoro del Copywriter 5
Le leve psicologiche nel Copywriting 7
I 6 principi di Cialdini 10
Definizione del Target e degli obiettivi 14
Definizione del tone of voice e dello stile 24
Le altre regole a cui prestare attenzione 28
PNL per il Copywriting 33
Email Marketing & CTA 39
Copywriting per i Social Network 44
Copywriting per Article Marketing 51
SEO Copywriting 56
Copywriting per Landing Page 60
Anatomia di una pagina di vendita 63
Integrare correttamente i contenuti visivi 67
Metodi di scrittura per annunci pubblicitari e banner 73
Le parole che influiscono negativamente sulla psiche del lettore 76

Le parole power booster 78
L'importanza dello Storytelling 81
Esercizi di scrittura Creativa 84
A/B Testing per il Copywriting 86
Disclaimer 88

CHE COS'È IL COPYWRITING

Imparare a scrivere è uno dei primi insegnamenti che riceviamo sin da piccoli. È il primo compito affidatoci che richiede impegno e concentrazione. È un'abilità che non ci abbandonerà mai più nella vita, come andare in bicicletta.

Scrivere diventa un'azione quotidiana sempre più meccanica ed istintiva: scriviamo mail per lavoro, prendiamo appunti, scriviamo post sui social. Milioni di parole ci circondano, talvolta ci minacciano o ci fanno sorridere. Ma quando si tratta di promuovere il nostro business, quante di queste parole sono in grado di cogliere l'attenzione del lettore? Sappiamo scegliere le parole giuste per coinvolgerlo, per tenerlo incollato al messaggio e, soprattutto, per convertirlo in cliente?

A questo serve il copywriting, ovvero l'arte della scrittura persuasiva. Per persuasiva, non si intende affatto ingannevole. Il copywriting, infatti, non ha nulla a che fare con testi dal contenuto falso e fraudolento. Bensì può essere definito come un metodo ottimale di scrittura di contenuti di valore che siano in grado di coinvolgere il lettore e portarlo all'acquisto del nostro prodotto o servizio.

Questa forma di scrittura viene usata in diversi campi del marketing, dalle più classiche campagne pubblicitarie fino al mondo online. Basti pensare all'avvento dei blog e ai post sui social network.

Lo scopo del copywriting è quello di attirare l'attenzione del lettore attraverso una giusta combinazione di parole ed emozioni che lo inducano all'acquisto con l'obiettivo a lungo termine di fidelizzarlo e farlo acquistare ancora ed ancora.

Possiamo definire il copywriting una vera e propria scienza al servizio delle parole, poste con cura in maniera strategica e vincente, tali da persuadere chi legge a compiere un'azione. Per connetterti con il tuo mercato ad un livello superiore devi fare un lavoro di ricerca nella psiche del tuo lettore: conoscere le sue frustrazioni ed immaginare le sue ambizioni, provare quello che provano loro e trasferirlo nei testi che lo aiuteranno ad entrare in empatia con te. Per questo ti serve tempo per studiare il tuo mercato ed una buona strategia da mettere in atto.

I VANTAGGI DEL COPYWRITING PER IL TUO BUSINESS

Il mondo del business è cambiato negli ultimi anni. Si è passati, di fatti, da un'economia basata sulle transazioni ad una basata sulle relazioni. Questo quindi porta l'imprenditore a volersi connettere con il proprio mercato in modo da ottenere in maniera unica il suo vantaggio competitivo. E l'unicità di questo vantaggio sarà dettata proprio dalla relazione che riuscirà ad instaurare con il suo cliente.

Per stabilire una relazione con il cliente ci vuole impegno: impegno nel creare una relazione costante, non utilitaristica. Occorre capire il cliente, ascoltarlo, proporgli delle soluzioni mediante il tuo prodotto o servizio. Serve parlare lo stesso linguaggio dei tuoi clienti: solo così riuscirai a comunicare il valore della tua azienda.

Di solito, il coinvolgimento del lettore è finalizzato a tre azioni principali:

1. L'acquisto del tuo prodotto o servizio;
2. La comunicazione dei suoi dati/contatti;
3. L'interazione con un post blog.

Queste tre azioni saranno possibili solo se riuscirai ad emozionare il lettore, a creare *engagement*: il lettore si sente compreso e capisce che il tuo prodotto o servizio è la soluzione che fa per lui.

Di solito, le leve principali per creare coinvolgimento nel lettore sono:

1. La promessa di un guadagno (non prettamente economico, ma anche fisico, emotivo ecc.);
2. La paura di perdere qualcosa.

Il processo di acquisto di un bene o servizio deriva da un vero e proprio gesto istintivo/emozionale. Solo in seguito viene razionalizzato. Per cui il copywriting interviene proprio sulla sfera emotiva del lettore, la stessa che ti permetterà di creare una relazione con lui e di instaurare un dialogo profondo.

IL LAVORO DEL COPYWRITER

Quando il gioco si fa duro il copywriter inizia a giocare! La parola copywriter è formata da due parole inglesi: *copy* (testo) e *writer* (scrittore). Il copywriter (o semplicemente copy), dunque, è uno scrittore che si occupa di testi per la pubblicità. È l'attore del copywriting e si cimenta, ad esempio, nella scrittura di spot radio o TV, campagne stampa, banner o post sui social. Con la diffusione di Internet e dei social network molti di noi si sono trovati ad essere un po' copy dei propri prodotti, e forse questo ci porta a sottovalutare il lavoro del copywriter. In realtà il copywriter è una professione a tutti gli effetti, con le proprie caratteristiche e peculiarità, che con le altre professioni della scrittura non ha davvero nulla (o poco) in comune.

Il copywriter, tuttavia, non è neanche la gallina dalle uova d'oro, ossia quella persona capace di vendere tutto attraverso i suoi testi. Per vendere un prodotto, occorre che questo soddisfi un preciso bisogno. Se il copywriter, attraverso il suo lavoro, riesce a fare leva su questo bisogno (o miracolosamente ad indurlo) egli è davvero degno di questo nome.

La vendita è un buon mix di qualità del prodotto e di persuasione, pertanto se il prodotto è di cattiva qualità, nemmeno il miglior copywriter della Terra riuscirà a compiere miracoli. Anzi, un'ottima campagna per un pessimo prodotto non farà che accentuarne i limiti agli occhi dei consumatori, accelerandone la fine.

Solitamente il lavoro del copywriter parte con collaborazioni, anche piccole, con una o più agenzie pubblicitarie. Nel tempo il suo lavoro è cambiato, grazie all'avvento del web e dei social. Oggi tutte le aziende hanno bisogno di qualcuno che scriva testi pubblicitari e sanno quanto avere un buon copy nel proprio staff può fare la differenza, soprattutto nel mondo online.

David MacKenzie Ogilvy, uno dei più brillanti copywriter della storia della pubblicità, sosteneva che caratteristiche fondamentali di un buon copywriter sono "tanto lavoro, una mentalità aperta ed un'incontrollabile curiosità". Solo questo porta al successo un buon copy, non di certo trucchi da quattro soldi. Il copywriter può enfatizzare la realtà, edulcorarla, ma mai raccontare bugie.

LE LEVE PSICOLOGICHE NEL COPYWRITING

Come detto in precedenza, il processo di acquisto di un bene o servizio ha in sé differenti componenti emozionali che spingono il lettore a compiere un'azione sulla base di quello che legge.

Joe Sugarman ha introdotto il concetto di *psychological triggers*, ossia le leve psicologiche che un buon copywriter deve saper maneggiare con maestria nell'ideazione dei propri testi.

1. **Rendi tuo il problema**, cioè chiediti: cosa vogliono davvero i tuoi clienti? Essi vogliono che tu li ascolti, che tu condivida i loro problemi, ma soprattutto cercano in te qualcuno che è riuscito a superare quel problema. Pertanto, nella scrittura di una copy, focalizzati sul problema che risolvi attraverso il tuo prodotto o servizio, condividine i disagi e trasmetti con delicatezza la tua soluzione.
2. **Ferma i loro pensieri**, cioè spingili a trovare una risposta alle tue domande. Se sfidi il tuo lettore o lo induci a ragionare sulla tua copy, smetterà di pensare a qualsiasi altra cosa, ovvero avrai attirato la sua attenzione definitivamente.

3. **Spingili alla visualizzazione**, cioè utilizza immagini, anche mentali. Crea un immaginario per il tuo prodotto, rendilo credibile e questo verrà proiettato nella mente del cliente e vi rimarrà a lungo.
4. **Induci scarsità**, ossia suggerisci al tuo lettore che il prodotto che stai declamando sta per terminare e deve agire in fretta. Crea sempre delle scadenze, degli sconti temporanei, delle offerte limitate: la paura di perdere questo vantaggio sarà un ottimo detonatore delle sue azioni.

5. **Crea curiosità**, ossia sfrutta la curiosità insita nell'animo umano. Prima di proporre il prodotto, inizia con una frase ad effetto, una domanda, qualcosa che lo induca a continuare a leggere, a concentrarsi su quello che stai dicendo.
6. **Sii specifico**, ossia comunica informazioni precise e concrete. Questo ti permetterà di essere vero agli

occhi del lettore, ormai scettico perché bombardato costantemente da messaggi pubblicitari di tutti i tipi.

7. **Racconta una storia**, ovvero il potere dello storytelling (di cui parleremo più approfonditamente in seguito). Le storie incrementano la credibilità della tua copy, inducono all'immedesimazione e favoriscono la connessione tra il lettore ed il tuo prodotto.

I 6 PRINCIPI DI CIALDINI

Lo psicologo e professore di marketing statunitense Robert Cialdini, nel suo libro intitolato "Le armi della persuasione", ha stilato 6 principi cardine della persuasione che inducono le persone a dire di sì.

1. **Reciprocità**, ossia uno dei meccanismi più antichi alla base del commercio: *do ut des*, io do qualcosa a te e tu dai qualcosa a me. È scientifico che quando riceviamo qualcosa in regalo, qualcuno ci fa un favore o ci aiuta, noi ci sentiamo in obbligo nei confronti di quella persona. Vogliamo ricambiare questo gesto, anche se non richiesto. Questo principio viene utilizzato spessissimo nel marketing online: in cambio di un indirizzo email ti viene offerto uno sconto (solitamente con iscrizione ad una

newsletter), o un ebook o webinar in omaggio. Puoi sfruttare la reciprocità, ad esempio, cercando nella tua copy di ottenere i contatti del tuo potenziale cliente tramite qualcosa di gratuito. Quei contatti ti saranno utilissimi quando indirizzerai a lui uno strategico *email marketing* per vendergli il tuo prodotto o servizio.
2. **Impegno e coerenza**, un binomio importante e codipendente. Quando prendiamo un impegno, tutte le nostre azioni saranno coerenti rispetto all'impegno preso. Ogni volta che il lettore legge una frase in più della tua copy, si sta assumendo un impegno nei tuoi confronti e, se l'impegno aumenta, aumenta anche la probabilità di vendita associata a quella copy. Il principio di coerenza ed impegno va utilizzato nei *funnel*, ossia quelle lunghe sequenze che permettono di selezionare i potenziali clienti e, gradualmente, educarli ed impegnarli a nostro favore, in modo da chiudere una vendita. Maggiore sarà il contatto tra te e il tuo potenziale cliente, maggiore sarà la sua volontà di non fare brutta figura con te.
3. **Riprova sociale**, ossia l'importanza che diamo a quello che dicono gli altri. Di fatti, tante persone svolgono la stessa azione, di conseguenza questa sarà corretta. Il terzo principio di Cialdini viene utilizzato spesso nelle pagine di vendita, nelle optinpage e nelle landing page: vengono presentate una serie di testimonianze di altri clienti o di colle-

ghi. Banalmente, se un gruppo numeroso di persone supporta un prodotto o servizio, questo aumenta la fiducia dei tuoi potenziali clienti. Gli studi sull'influenza sociale portati a termine da Cialdini rivelano che, in condizioni di mancanza di informazioni, tendiamo a seguire quello che fanno gli altri, specialmente le persone che riconosciamo più simili a noi. Maggiori sono i commenti ed i riconoscimenti positivi verso un prodotto, più siamo portati a pensare che quel prodotto sia ottimo ed aumenteranno le possibilità di acquistarlo. D'altronde, questo è il principio su cui si fonda il successo di siti web come Tripadvisor ed Amazon.

4. **Simpatia**, ossia l'arte di essere simpatici al potenziale cliente per vendere di più. Di solito, infatti, preferiamo prestare attenzione alle persone che conosciamo e che ci piacciono. Una persona simpatica ha più presa sul suo pubblico. La simpatia si può sviluppare in due modi ben distinti: o perché sei bello, o perché sei simile al tuo interlocutore.

Mentre per la bellezza parliamo di una dote opinabile, nel caso della similarità questa può essere una potente leva per le tue copy. Conoscere bene il tuo target ti aiuta ad allinearti con loro attraverso lo stesso linguaggio. Un altro modo per risultare simpatici è quello di fare complimenti. Ovviamente questo deve avvenire in modo autentico e delicato: solo così potrai trarre degli importanti vantaggi dalla relazione con il tuo pubblico.

5. **Autorità**, cioè il riconoscimento di uno status. Quando qualcuno raggiunge una posizione di *leadership* gode del rispetto di chi gli sta intorno. Allo stesso modo, è possibile proporsi come esperti o persone autorevoli nel settore che stiamo trattando nella copy e subito ci si potrà imporre come riferimento per chi legge. Se hai dei risultati, esponili senza timore: così i tuoi potenziali clienti sapranno che non stai raccontando fandonie.

6. **Scarsità ed urgenza**, ossia uno dei principi più utilizzato comunemente al supermercato, in tv, nelle televendite. La scarsità, infatti, crea valore ed importanza attorno al prodotto in questione. Il principio di scarsità di un bene o servizio induce il cliente ad accelerare il suo processo di acquisto, di forzarlo a comprare per non perdere per sempre l'occasione di possedere quel prodotto. La scarsità rende il prodotto esclusivo ed acquista maggiore valore, anche economico.

DEFINIZIONE DEL TARGET E DEGLI OBIETTIVI

Continuiamo a scandagliare il lavoro del copywriter e, più in generale, l'attività di copywriting che è sempre più strategica per comunicare il tuo business e le opportunità che questo offre.

Dunque, dettate le linee guida sin qui, iniziamo a definire passo passo tutti i passaggi che fanno di una copy un messaggio forte e chiaro che converte.

Per mandare un messaggio, o più genericamente quando si scrive, abbiamo sempre bisogno di conoscere la persona a cui quel messaggio è rivolto. Quando scriviamo ci rivolgiamo sempre a qualcuno e faremmo bene a non pensare ai nostri lettori come ad una massa informe di persone di tutti i tipi, età e grado di istruzione, per evitare di disperdere il nostro messaggio nel vuoto.

Quando un copywriter pensa ad un messaggio, prima ancora di scrivere, ne identifica il destinatario, cioè individua il target della sua comunicazione. A chi sto per parlare? La risposta a questa domanda necessita di una serie di informazioni che non sempre sono in nostro possesso. Per questo esistono studi ed indagini di mercato che studiano ed individuano le caratteristiche socioeconomiche del target, ma ovviamente questo richiede un budget. Se si vuole, invece, provare a definire il proprio target in maniera meno sistematica e più economica, ci sono alcuni concetti di base che è importante considerare.

Iniziamo con il differenziare il target di comunicazione dal target di marketing. Il target di marketing, infatti, è costituito da tutte le persone che potenzialmente possono acquistare il tuo prodotto. Il target di comunicazione, invece, è formato dalle persone che possono essere raggiunte dal tuo messaggio. Il target di marketing, solitamente, è più ampio di quello di comunicazione. Compito del copywriter, dunque, è quello di scrivere copy "focus target", indirizzate cioè ad un sottogruppo specifico all'interno del target.

Avere dati sul tuo target di riferimento è una vera e propria opera di ricerca minuziosa: i più sistematici si rivolgeranno ai vari report annuali pubblicati da società specializzate come Audipress o Audiweb.

Se, più in generale, il destinatario della comunicazione è un consumatore, si può ricorrere alla tecnica di definizione delle personas. Non devono essere utenti reali ma immaginati secondo il nostro immaginario di clienti ideali. Per definire una persona occorre definire:

1. I suoi criteri sociodemografici, ossia occorre rispondere alle domande: dove vive questa persona? È un uomo o una donna? Quanti anni ha? Qual è il suo titolo di studio? È single, sposata, fidanzata o convivente?
2. I suoi criteri economici, ovvero rispondere alle domande: qual è il suo lavoro? Quanto reddito percepisce? Che tipo di auto possiede? Possiede una casa o vive in una in affitto? Quali sono i suoi consumi? Gli piacciono gli oggetti di lusso? Se li può permettere?
3. I suoi interessi e le sue passioni, ovvero che cosa fa nel tempo libero, quali libri o giornali legge, se fa sport, se gli piace cucinare, se va in palestra o possiede un cane ecc.

Il consiglio è, chiaramente, quello di non soffermarci solo ai dati meramente sociologici e statistici, ma di provare a farci un'idea di quello che davvero può attirare l'attenzione del nostro lettore. In questo può essere utile leggere annunci o copy di altre agenzie, vedere il tipo di linguaggio utilizzato per interloquire con il proprio pubblico.

La regola aurea da seguire quando si scrive una copy ad un target specifico è immaginare quella persona come se l'avessi davanti. Non usare espressioni che ad alta voce risulterebbero irreali o retoriche. Mantieniti autentico e sii specifico.

Un'altra cosa da tenere a mente quando si prova a definire il destinatario dei propri testi è il suo livello di informazione, ossia che cosa conosce di te e del tuo prodotto/azienda/servizio. A seconda del livello di informazione che il lettore possiede, lo possiamo catalogare in:

- **Lettore esperto**: conosce bene il prodotto o servizio di cui parli, lo usa quotidianamente e ne conosce la teoria. Solitamente ha studiato la materia a scuola o all'università ed ha unito alle sue conoscenze teoriche anche quelle tecniche, se lavora nel settore. Per esperto non si intende solo un tecnico, ma chiunque abbia una conoscenza dettagliata del tuo settore di riferimento, a prescindere dalla sua formazione. Al destinatario esperto servono informazioni importanti, affidabili e aggiornate. Non ha bisogno di lunghe introduzioni né di concentrarsi su aspetti secondari, perché l'esperto già conosce tante cose sul tuo prodotto o servizio. È consigliato, invece, soffermarsi sui dettagli, soprattutto sui vantaggi evidenti di cui godrà adottando la soluzione che gli stai proponendo.
- **Lettore tecnico**: con le stesse competenze dell'esperto, ma più dal punto di vista pratico. Possiamo definirlo "braccio operativo" dell'esperto, che influenza la sua decisione con consigli e pareri. Per lettore tecnico, quindi, si intende chiunque possa dare un parere perché informato su un aspetto tecnico di un prodotto e servizio. È chiaro che sarà interessato agli aspetti tecnici del tuo prodotto o servizio, quindi forniscigli tutti i ragguagli

tecnici di cui necessita prima di acquistare il tuo prodotto.
- **Manager e decisori**: questi sono i lettori che decidono dal punto di vista economico, amministrativo e/o legale. Sono molto spesso esperti nel loro settore ma senza approfondite conoscenze tecniche. In questo caso il tuo testo deve evidenziare i vantaggi di ogni singolo aspetto che per il lettore manager e decisore è importante per concludere l'acquisto del tuo bene (economico, legale e tecnologico). Ovviamente ogni tipologia di manager ha una sua specializzazione, per cui il tuo approccio deve essere orientato ai vantaggi economici che la sua azienda può ottenere. Il livello di informazioni di cui ha bisogno sono a metà tra il dettaglio e la basilarità. Per cui, fornisci informazioni, fatti, statistiche che siano utili per il suo processo decisionale. È utile trasmettere loro i benefici principali associati alle informazioni critiche nel minor tempo possibile.
- **Lettore non esperto**: è il tipo di lettore che non conosce il prodotto di cui stai scrivendo e per questo ha bisogno di molte informazioni a riguardo. È difficile attirare la sua attenzione perché conoscere il tuo prodotto richiede da parte sua tempo e concentrazione, che non sempre è disposto a concedere. Quindi occorre essere molto chiari con lui e presentargli gli immediati vantaggi che otterrà se prosegue con la lettura. Al lettore non esperto ser-

vono i dettagli e informazioni semplici, senza tergiversare, evidenziando i punti principali del tuo discorso.

- **Lettore complesso**: sicuramente la tipologia più difficile e meno frequente, ossia quello che racchiude in sé tutte le categorie sinora enunciate (esperto, tecnico, manager e decisore, non esperto). Egli è esperto in un settore ed inesperto in un altro, un manager che punta all'aspetto economico del prodotto ma che non ignora gli aspetti tecnici. In questo caso, nella complessità del genere, la soluzione migliore è quella di scrivere semplice, per i meno esperti, cioè utilizzare non un linguaggio banale, ma un grado di informazioni comprensibile a chiunque.

Certamente scrivere in maniera semplice per indirizzarsi e farsi comprendere dal maggior numero di persone possibile può risultare un'arma a doppio taglio, in quanto si rischia di annoiare l'esperto. Si deve operare una scelta in fin dei conti: c'è chi sacrifica consapevolmente una parte di pubblico per dedicarsi esclusivamente agli esperti, ma potrebbe rivelarsi una scelta poco saggia.

La scelta migliore è, invece, quella di sviluppare un percorso di lettura di complessità crescente. Questo significa che si può, ad esempio, scrivere un'introduzione che sia comprensibile a tutti, poi approfondire l'argomento per catturare l'attenzione dei tecnici, impreziosire il discorso con statistiche, immagini e tabelle per gli esperti/manager. Una vera e propria scrittura a piramide, che ha come base delle informazioni basilari condivisibili a tutti, in seguito lungo la piramide l'informazione si assottiglia e diventa minuziosa e tecnica. In questo modo, anche chi si ferma al primo livello di lettura avrà capito qualcosa.

Quando un prodotto presenta delle caratteristiche positive, cerca di esaltare quelle che per il tuo pubblico possono essere più interessanti, senza "bruciarle" tutte in un unico messaggio. Devi comunicare un solo concetto, il più utile per il tuo pubblico, in modo forte e chiaro. Rosser Reeves parlerebbe di Unique Selling Proposition, la teoria secondo la quale il bravo copywriter deve trovare sempre e comunque una caratteristica unica che lo differenzia da tutti gli altri, anche quando questo prodotto ne è apparentemente sprovvisto.

Dunque, una volta definito il target, è importante stabilire gli obiettivi e la strategia di comunicazione necessaria per raggiungerli. Più concretamente, dobbiamo decidere cosa vogliamo dire e che comportamento desideriamo stimolare nel lettore. Diversamente da quello che si è portati a pensare, l'obiettivo del copywriting non è quello di aumentare le vendite, poiché la vendita è la risultante di diverse forze che si combinano tra loro, tra cui la qualità del prodotto, il prezzo, la distribuzione, la concorrenza ecc. L'obiettivo principale della comunicazione o pubblicità è quello di far cambiare atteggiamento dei lettori nei confronti del prodotto.

La strategia deve contenere 3 punti principali:

1. La promessa al pubblico;
2. Gli argomenti con cui questa promessa deve essere dimostrata.
3. Il comportamento che vogliamo il nostro lettore adotti.

Si tratta di una vera e propria equazione a tre variabili, ognuna indispensabile per la sua soluzione.

Per quanto riguarda il comportamento o azione che si vuole far assumere al lettore, questi possono essere, ad esempio, visitare il nostro sito web, acquistare un prodotto, ottenere i loro contatti personali attraverso la compilazione di un modulo online ecc.

Solitamente, alcuni dei macro obiettivi della comunicazione tramite copy sono:

- Comunicare le nostre emozioni;
- Intrattenere le persone o portarle alla riflessione;
- Dare o richiedere informazioni;

- Convincere le persone.

A tal proposito, l'ultimo macro obiettivo è quello più rilevante per le nostre considerazioni. Nella comunicazione aziendale è difficile sviluppare un testo che abbia il solo scopo di informare. Informare bene, in maniera chiara ed affidabile fa sicuramente metà del lavoro allo scopo di convincere le persone. Tuttavia, è necessario avere una visione chiara dell'azione che si vuole far compiere al lettore. Innanzitutto, deve essere chiarita la differenza che esiste tra l'obiettivo da raggiungere e la reazione che si vuole ottenere.

L'obiettivo ha, ovviamente, a che fare con questioni di tipo commerciale: ad esempio, vendere il prodotto, far accettare un preventivo, ottenere un appuntamento, far aumentare le visite al nostro sito web con un post sui social. La reazione, invece, è l'atto che il lettore compie per raggiungere il tuo obiettivo: comprare il prodotto, compilare un modulo online per iscriversi alla newsletter, cliccare il link presente nel tuo post.

L'obiettivo della tua comunicazione, per essere perseguibile, deve essere:

- Specifico: maggiore è la specificità del tuo obiettivo, minore sarà la possibilità di divagare. Se hai un obiettivo preciso, devi selezionare esclusivamente le informazioni che ti permettono di raggiungere il tuo risultato. I tuoi sforzi devono essere convogliati nella realizzazione di quell'obiettivo.
- Realistico: mai porsi obiettivi irreali. Con saggezza e buon senso, ci si deve porre obiettivi realistici in relazione al tipo di prodotto, al suo prezzo, al tuo rapporto con i clienti ecc.
- Raggiungibile: questo succede quando razionalmente attraverso l'investimento di tempo e risorse l'obiettivo è "presumibilmente" raggiunto.

DEFINIZIONE DEL TONE OF VOICE E DELLO STILE

Una volta definito il giusto mix di variabili da mettere in campo per la scrittura di una copy efficace, il passaggio successivo è quello di decidere il tono, lo stile e, più in generale, il livello di formalità del testo. Questo ti aiuterà ad impostare la modalità con cui vuoi contattare il lettore.

Scrivere ad un amico è cosa diversa che scrivere al tuo datore di lavoro. Questo deriva dal rapporto che avete stabilito, ma anche dalle emozioni e sensazioni che l'argomento oggetto del tuo testo ti suscitano in relazione alle diverse persone a cui lo esponi. La modulazione che adottiamo nel modo di rapportarci agli altri si chiama tono ed indica la sensazione complessiva che il tuo testo trasmette.

Il tono del testo è molto importante proprio come il tuo tono di voce quando parli con una persona. Quando scrivi una copy, il tono assume un'importanza strategica. Non puoi utilizzare un tono amichevole in una lettera di reclamo, né tantomeno adottare un tono formale per mandare un messaggio ad un amico. Tuttavia, trasmettere il tono mentre si scrive non è cosa facile. Se dal vivo ad accompagnare il tono della tua conversazione vengono in aiuto gestualità e mimica facciale, nel testo scritto il tono utilizzato può essere spesso oggetto di fraintendimenti.

Chiaramente non è semplice stilare un decalogo per il tono da usare in una copy. Il tono di un testo è davvero soggettivo e dipende dalla lettura che riesci a fare del contesto in cui questo verrà inserito. Lo devi decidere di volta in volta, a seconda della situazione, ma possiamo enunciare alcune categorie di tono che puoi utilizzare:

- Rilassato;
- Formale;
- Gentile;
- Educato;
- Colloquiale;
- Rispettoso;
- Competente;
- Lievemente enfatico;
- Non sessista;
- Non razzista;
- Non spiccatamente pubblicitario.

L'esperienza e la pratica ti aiuteranno ad utilizzare al meglio il tono, ma non sottovalutarlo perché tante volte le opinioni si fondano proprio sul tono con cui viene lanciato un messaggio. Il tono più efficace per una copy molto spesso è amichevole ma orientato al business. Lo stile, invece, connota in maniera specifica il tuo testo. Una lettera al magnifico rettore avrà uno stile totalmente diverso da una mail al tuo capo per ottenere le ferie.

Mentre il tono trasmette lo stato d'animo di chi scrive e tende a crearne uno nel suo lettore, lo stile è una caratteristica precipua del testo ed è schematico nel suo sviluppo. Lo stile può essere meramente informativo, oppure persuasivo, addirittura informativo-persuasivo. Può essere creativo o burocratico. Ognuno a seconda del nostro interlocutore e dell'argomento che desideriamo trattare.

Lo stile, per essere impeccabile nella sua finalità informativa e persuasiva, deve essere la risultante di tutti questi elementi:

- Accuratezza;
- Brevità;
- Concisione;
- Chiarezza;
- Credibilità;
- Completezza;
- Concretezza.

Altra importante componente nella redazione di un testo da rivolgere al tuo pubblico è il livello di formalità che decidi di dargli. Tanti errori sono commessi proprio per un non corretto utilizzo del livello di formalità, che si ripercuotono sull'immagine dell'azienda, che risulterà poco professionale, non rispettosa ed addirittura maleducata. Scegliere il grado di formalità non è semplice, perché si corre il rischio di scrivere un testo troppo confidenziale o troppo distaccato. Le domande da porsi sono senz'altro se conosciamo personalmente il nostro destinatario e se l'oggetto della nostra comunicazione è positivo, negativo o neutrale. La risposta a queste domande fa un enorme differenza nella scelta del grado di formalità.

Ad esempio, molto spesso si crea confusione sull'uso dei pronomi: tu, lei o voi? In questo caso devi riflettere sul tuo destinatario, sugli obiettivi e sulle molteplici sfaccettature della personalità del tuo interlocutore. Più conosci personalmente o virtualmente la persona a cui scrivi, più sarà adeguato l'utilizzo del tu. Quando invece sussiste un rapporto gerarchico tra te e il tuo lettore oppure è il tuo primo contatto, è più indicato il lei.

LE ALTRE REGOLE A CUI PRESTARE ATTENZIONE

Molti lo sottovalutano o ne ignorano la portata, ma in realtà un testo che contiene errori ortografici è l'ultima cosa da fare se volete puntare sul copywriting. Un messaggio scritto male è un cattivissimo bigliettino da visita per qualsiasi azienda che vuole vendere un prodotto o servizio. Di certo attira l'attenzione di un cliente disattento, ma vi toglie qualsiasi brandello di credibilità ed affidabilità.

Parole inesatte e grammatica scadente sono un mix letale per i tuoi testi. Ti faranno apparire ignorante, oltre che superficiale e poco serio. Il problema è che questa impressione si trasmetterà per osmosi anche ai tuoi prodotti e, più in generale, all'immagine della tua azienda. Durante la redazione dei tuoi testi, devi usare il controllo ortografico incorporato nel software di scrittura che utilizzi. Questo però non ti esonera dal controllare anche la forma di ciò che scrivi. A tal fine, può essere utile rileggere il tuo testo ad alta voce, per comprendere se c'è qualcosa che stona in quello che hai scritto, ma soprattutto per simulare il lettore e mettersi nei suoi panni. Puoi testare la qualità del tuo testo: è abbastanza convincente? Se mi capitasse questo testo sott'occhio, sarei invogliato a proseguire nella lettura?

L'attitudine deve essere sempre quella di non scrivere con un linguaggio sciatto e scarno. Evita le frasi inflazionate.

Devi effettuare un'operazione di revisione in piena regola: non c'è nulla di peggio che leggere un testo pieno di errori di battitura o di concordanza. Il lettore potrebbe crederti frettoloso o, addirittura, incompetente.

Nessuno scrittore scrive un capolavoro di getto. La scrittura è un'attività faticosa, impegnativa e fatta di continue revisioni, per sfrondare le informazioni e parole inutili ed arrivare all'essenziale per un'efficacia assicurata. *Less is more*, dicono gli americani. Questo funziona anche nella scrittura.

Per dubbi su parole e forme verbali viene in soccorso il vocabolario o i manuali di grammatica, anche online. Quello a cui, invece, spesso non si presta la dovuta attenzione sono gli errori di punteggiatura. Oltre a confondere o irritare il cliente più attento, una cattiva punteggiatura fa perdere al tuo testo di efficacia, in quanto la punteggiatura è estremamente utile per sottolineare dei concetti, per intrigare ed impressionare il lettore. A tua disposizione, quando scrivi, hai solo le parole. Fanne buon uso.

- **Punti (.)** – Il punto, nelle regole di grammatica, indica una pausa lunga. Se il tuo obiettivo è che il lettore legga il tuo testo tutto d'un fiato, senza interruzioni o distrazioni, devi imparare a dosare le pause, cioè i punti. Trova un equilibrio (né troppi né troppo pochi). Cerca, se possibile, di usarli con parsimonia poiché troppi punti frammentano il testo e rischi di interrompere l'attenzione del lettore ancora prima di arrivare al nocciolo del discorso.
- **Virgole (,)** – Anche le virgole, come i punti, indicano una pausa, anche se breve. Per la stessa ragione, cerca di limitarne l'uso, per non frammentare troppo il testo e risultare poco incisivo. Evita la virgola dopo la e, indica una doppia pausa.
- **Puntini di sospensione (…)** – Davvero abusati nell'ultimo periodo, i puntini di sospensione sono tornati in auge nella grammatica del marketing per il loro potere di sospendere l'attenzione del lettore. Al tempo stesso, il lettore può riprendere fiato senza però creare una cesura con quello che scriverai subito dopo.
- **Trattino (-)** – Il trattino può spezzare il ritmo della frase, creando anch'esso una pausa nella presentazione del tuo prodotto o servizio. Quando magari hai già utilizzato troppo punti, virgole e punti sospensivi, puoi fare ricorso al trattino per rompere la monotonia del tuo testo.

- **Due punti (:)** – Questa punteggiatura crea nel lettore una pausa che preannuncia una parte importante (solitamente elenchi o spiegazioni). Puoi usare i due punti per descrivere i punti di forza del tuo prodotto oppure per elencarne i punti vendita.

- **Punto e virgola (;)** – Questo tipo di punteggiatura è utilizzata assai di rado, soprattutto in una pagina destinata alla vendita. Segnala una pausa media (unione di un punto ed una virgola), per cui valuta se è opportuno utilizzarla oppure no.
- **Virgolette ("")** – Le virgolette "incorniciano" una parte di testo. Si usano per le citazioni, ma puoi utilizzarle per enfatizzare il tuo testimonial e possono essere utilizzate per sottolineare una parola oppure una frase intera.
- **Punto esclamativo (!)** – Quando vuoi esortare o emozionare il lettore, il punto esclamativo è la punteggiatura giusta. Ti dà la possibilità di rafforzare il tuo testo, incrementandone l'efficacia. Attenzione

però: il punto esclamativo è un'arma a doppio taglio. Non devi abusarne, altrimenti rischi di diventare ridicolo e poco serio.
- **Punto di domanda (?)** – Questo punto è molto importante quando si vuole creare un'interazione con il lettore. Se poni una domanda, il lettore sarà portato a rispondervi mentalmente. Quindi, una volta immaginata la risposta del lettore, devi scrivere qualcosa che condivida e lo faccia sentire compreso.

È chiaro adesso che la punteggiatura, ed in generale la grammatica, non sono questioni secondarie nella scrittura di un testo di vendita. La grammatica ti rende intelligibile mentre la punteggiatura facilita e modula la comunicazione. Pertanto, utilizzarle nel miglior modo arreca parecchi vantaggi al tuo business.

PNL PER IL COPYWRITING

Scrivere in maniera efficace, come ormai sarà chiaro, è la risultante di più forze che convergono ad un unico fine: vendere. Oltre alle regole da seguire per la redazione di un testo formalmente corretto, ci sono altri aspetti da considerare per coinvolgere il lettore e convertirlo in cliente.

Uno di questi è lo studio della PNL. Per cosa sta l'acronimo PNL? Sta per Programmazione Neuro Linguistica ed è la disciplina che indaga la connessione che sussiste tra comportamenti appresi attraverso l'esperienza (programmazione), processi di pensiero (neuro) e linguaggio (linguistica). John Grinder, professore di linguistica, e Richard Bandler, matematico, sono i due padri fondatori della PNL, che si fonda sulla tesi che "l'essere umano è l'unica macchina che può auto-programmarsi. Imposta programmi deliberatamente progettati ed automatizzati che funzionano da soli per occuparsi di noiosi compiti terreni, tenendo la mente libera per cose più interessanti e creative".

La PNL, molto spesso, è stata adoperata nell'ambito della comunicazione persuasiva e del *public speaking*. In generale, tutte le parole sono degli attivatori, perché suscitano sempre delle risposte e/o reazioni (di pensiero, di parole, di azioni, di decisioni). Secondo la PNL, il linguaggio non ha mai una funzione "neutra" perché innesca sempre degli effetti. Tutte le parole stimolano, o più propriamente elicitano, una serie di comportamenti. La domanda che devi porti è: quale comportamento voglio elicitare nel mio lettore attraverso il mio testo? Il comportamento più richiesto è, indubbiamente, il consenso. Consenso commerciale (nell'ambito della comunicazione di vendita o commerciale), consenso tecnico (comunicazione professionale), consenso etico-morale (comunicazione politica) o consenso estetico (comunicazione letteraria ed artistica).

In questo senso, i principi della PNL possono essere usati per rafforzare e potenziare il tuo copy perché ti aiutano ad utilizzare strategicamente le parole per spingere le persone ad agire. L'azione più ricercata è, ovviamente, l'acquisto del bene o servizio descritto.

Possiamo riassumere in punti alcuni principi della PNL che ti aiuteranno a scrivere copy più incisive:

- **Scegli la corretta composizione per i tuoi titoli** – La struttura della frase è molto importante per influenzare le scelte delle persone. Una frase con struttura positiva ("Il nostro medicinale salva 200 vite") viene stimata come più convincente rispetto a quella con struttura negativa ("Il nostro medicinale causa la morte di 400 persone"). Anche se si tratta dello stesso prodotto, si possono presentare le sue caratteristiche intrinseche mettendone in risalto pregi e oscurandone i difetti. A volte, però, l'avversione alla perdita del lettore può fargli preferire una frase con struttura negativa (struttura positiva: "Grazie alla mammografia, previeni il cancro al seno" vs. struttura negativa: "Molte donne muoiono perché non eseguono la mammografia in tempo". Risultato: nel primo caso il 51,3% delle donne ha prenotato una mammografia; nel secondo caso la percentuale è arrivata al 61,2%).

La scelta della struttura da conferire al tuo titolo dipende dalle caratteristiche del tuo target, che tu avrai studiato mentre effettuavi i tuoi studi per definirlo. Il tuo prodotto, le necessità del tuo target e come le persone percepiscono il prodotto sono aspetti fondamentali su cui riflettere prima di creare un titolo.

- **Ristruttura la frase per incrementarne il valore percepito** – Parliamo di *reframing*, cioè la ricomposizione di una frase. Il potere del *reframing* risiede proprio nel reindirizzare l'attenzione del lettore. Ecco un esempio: con lo slogan "8 cartoline per 3 euro" il 40% delle persone le hanno comprate. Attraverso il *reframing*, la frase è diventata "8 cartoline per 300 centesimi…un affarone!" e la percentuale di acquisti è schizzata all'80%. Perché? Perché l'attenzione della maggior parte dei lettori si concentrerà sull'espressione 300 centesimi. Mentre saranno distratti da questo dato, seguirà "un affarone", su cui si focalizzerà subito il lettore.

  È comprovato che il reframing induce a cambiare gli atteggiamenti, convince le persone a compilare sondaggi e a donare soldi per beneficienza.

- **Persuadi con le presupposizioni ed adiacenze** – Una presupposizione in linguistica è un'assunzione implicita necessaria per completare una domanda, un'affermazione o un pensiero ed è abbastanza potente da influenzare il modo in cui le persone ricordano le cose. "Dove hai nascosto il cadavere?" nei polizieschi all'inizio di un interrogatorio è una presupposizione per antonomasia. Attraverso il meccanismo della presupposizione il lettore viene spinto ad immaginare e, per completare la frase o il pensiero, deve accettare la cosa. Questo induce una sottile forma di persuasione chiamata *self-selling* (letteralmente "auto-vendita"). Prendiamo ad esempio uno slogan per vendere abbonamenti alla tv via cavo: "la tv via cavo è più economica e meno impegnativa di andare al cinema e ti permette di trascorrere più tempo con la tua famiglia" vs "Fermati ad immaginare come la tv via cavo può garantirti una vita migliore". Nel primo caso il 19,5% delle persone si iscriveva, nel secondo ben il 47,4%. Perché? La risposta è persuasione auto-generata, ovvero l'utilizzo di presupposizioni adiacenti.

- **Utilizza il priming semantico per potenziare la comprensione** – Il priming (tradotto "innesco") è un effetto psicologico secondo il quale l'esposizione ad uno stimolo influenza la risposta a stimoli successivi. L'influenza dello stimolo può avvenire a livello percettivo semantico o concettuale. Il priming, ad esempio, viene utilizzato nella scelta della musica di sottofondo nei supermercati. Uno studio di marketing ha evidenziato che musica francese incrementa la vendita di vini francesi, mentre quella tedesca fa vendere vini tedeschi. Tutto per effetto del priming.

Per ottenere risultati rilevanti con il priming nel copywriting occorre aver costruito delle solide personas, conoscere il linguaggio dei propri clienti, sapere quali parole li spaventano e quali li attirano, quali immagini evocano specifiche parole.

- **Punta su ritmo e allitterazione** – Ritmo e allitterazione non sono solo elementi di poesia, ma possono essere utilizzati efficacemente nella scrittura di una copy. Come? Studi dimostrano che le allitterazioni ed il ritmo potenziano la memoria. Cocacola, PayPal, BlackBerry sono più facili da ricordare tramite lo sfruttamento dell'allitterazione. La rima dà ritmo al claim e aiuta il lettore nella memorizzazione. Perché? Perché la rima è un effetto di ragionamento ed è collegata alla fluidità cognitiva. Ciò significa che più una cosa è semplice da comprendere o da fare, più questa viene percepita come vera.
- **Induci i lettori a proseguire la lettura attraverso le transizioni** – In linguistica la coesione fa riferimento alla connessione tra significato e flusso di un testo. La coesione può essere grammaticale, e si riferisce alla struttura e al flusso di un testo, oppure lessicale, e riguarda il contenuto e la conoscenza necessaria per aggiungere significato e chiarezza.

La coesione grammaticale si può ottenere attraverso le transizioni. Le transizioni si possono imma-

ginare come delle "ancore di salvezza" che collegano le frasi e le idee in modo fluido, rendendone più semplice la comprensione ed il ricordo. Pensiamo alla proposizione "così". Soprattutto se "posposta" può rendere più efficace la tua frase (es. "Sai che una copy efficace è importante per instaurare una relazione sana con il lettore. Sai anche che scrivere una copy efficace non è facile. Così sei arrivato a questo post per scoprire come fare").
Le transizioni rafforzano la tua attività di copywriting per tre motivi: aiutano a presentare il processo di pensiero successivo, rendono la tua copy meno prevedibile, infine ti permette di scrivere frasi più brevi per non interrompere il ritmo della tua copy.

Questi principi di PNL applicata al copywriting, ovviamente, non sono una Bibbia. Utilizzarli pedissequamente non significa successo assicurato. Come detto in precedenza, occorre eseguire un eccellente studio del tuo target, sapere cosa pensa e come lo pensa per potervi adattare questi principi e modularli per un'efficace conversione.

EMAIL MARKETING & CTA

Uno degli strumenti di marketing diretto con cui abbiamo a che fare nella nostra vita quotidiana è l'email marketing. Ogni giorno riceviamo decine di email, molte indesiderate, magari tante finiscono direttamente nel cestino. Quante ne leggiamo davvero? Questa è una delle ragioni per cui l'email marketing ha subito forti colpi alla sua reputazione di strumento promozionale, finendo nel più generico calderone dello spamming. Per questo motivo, anche le email che promuovono un prodotto o servizio utile per il destinatario, vengono ignorate e non aperte.

L'email marketing ha lo scopo di contattare i membri della tua lista (potenziali clienti), di educarli (*lead nurturing*) e di vendergli il tuo bene o servizio. Una strategia di marketing online che non preveda l'utilizzo dell'email marketing è di certo una strategia perdente, che ti farà perdere molte opportunità. Infatti, mediante una corretta comunicazione sarai capace di presentarti ai membri della tua mailing list, facendogli capire chi sei e cosa fai, in che modo potresti migliorare il loro stile di vita ecc. Attraverso l'email marketing si instaura un vero e proprio rapporto con il potenziale cliente, che puoi arricchire con informazioni che per il destinatario hanno un importante valore e con l'uso sapiente delle parole. È proprio qui che entra in gioco il copywriting persuasivo. Questo ti aiuterà a non far finire la tua mail nel cestino e a farti conoscere al pubblico nella maniera giusta.

Per superare gli ostacoli di una ormai diffusa credenza sull'email marketing, cioè che equivalga allo spam, bisogna che tu rispetti alcuni principi base. Il primo è che il tuo destinatario deve aver accettato di ricevere le tue email. A questo proposito è stato promulgato dall'Unione Europea un severo regolamento generale sulla protezione dei dati (GDPR) per chi non rispetta il consenso (mancato) al trattamento dei propri dati, tra cui l'indirizzo email. A parte le sanzioni in cui puoi incorrere, è davvero un controsenso dedicare i propri sforzi di marketing verso chi non ti ha dimostrato un interesse vero e ti potrebbe ritenere, con tutta probabilità, uno scocciatore.

La seconda linea guida da seguire prima di avviare qualsiasi campagna di email marketing è senza dubbio quella del necessario allineamento tra il tuo prodotto o servizio ed il tuo target. Se non targetizzi i tuoi destinatari, è possibile che chi riceve la mail non abbia alcun motivo o interesse a comprare il tuo prodotto.

È proprio per questo che piccoli segreti di copywriting possono rendere la tua attività di email marketing proficua e non una perdita di tempo. Innanzitutto, devi scrivere nello stesso modo in cui parleresti ad un amico o ad una persona a te cara. Come già affermato in precedenza, uno stile troppo costruito e distaccato non crea empatia nel lettore. Se utilizzerai invece un lessico più familiare ed accogliente, il lettore si rispecchierà maggiormente in quanto dici e sarà spinto a leggere ancora e a credere a quello che gli stai comunicando, perché ti ritiene simile a lui.

Un altro consiglio è quello di non cercare di forzare la vendita nei tuoi testi e non provare ad insegnare qualcosa al lettore. Devi proporgli una soluzione, suggerirgliela senza spingere sempre troppo il tuo prodotto. Il lettore è costantemente bombardato da messaggi che tentano di vendergli qualcosa. Non lasciare che tratti la tua copy come tutte le altre. Spiegagli perché il tuo prodotto o servizio gli è utile, in che cosa può migliorare la sua vita senza forzarlo a comprarlo ed avrai fatto metà del tuo lavoro. Fornire molte informazioni sul tuo prodotto, se si tratta ad esempio di un prodotto biologico per il corpo, può tornare molto utile per convertire i tuoi lettori. Cerca di dosare le informazioni, senza dare al lettore tutte le risposte di cui ha bisogno. Incuriosiscilo e portalo a desiderare quello che, senza che lui se ne accorga, gli stai vendendo.

Una tecnica utile per raccogliere informazioni sui tuoi lettori ed attirare la loro attenzione è quello di inviargli un sondaggio. Chiedere un'opinione al lettore ti avvicina a loro e gli fai sentire che per te il suo pensiero è importante.

Un altro metodo per attirare l'attenzione di chi legge la tua mail è, ad esempio, utilizzare delle checklist per presentare il tuo prodotto o servizio. Una checklist è un elenco di azioni o informazioni che incuriosiscono il lettore e lo spingono ad arrivare sino alla fine della lista per ottenere le informazioni che gli hai promesso. Esempi di checklist sono "Ti svelo i 5 esercizi per mantenere giovane il tuo cervello", oppure "Ecco i tre errori che commetti tutti i giorni".

Un altro segreto, forse il più difficile da mettere in pratica, per scrivere email efficaci è ispirare le persone, poiché solo la spinta della motivazione è in grado di far cambiare vita alle persone. Quando leggiamo un'autobiografia di una persona di successo, che magari ha iniziato dal nulla, abbiamo subito voglia di compiere un'azione che ci porti verso quel risultato. Perché non comprare il tuo prodotto, che contribuisce a rendere loro delle "persone di successo"?

A questo punto rimane solo un quesito a cui rispondere: qual è la giusta lunghezza di un email che converte? Ricorda sempre di non tralasciare nessun concetto importante e di presentare tutti i punti che si vogliono spiegare. La lunghezza ottimale di un email di vendita è di circa 500 parole. Anche se avete inserito due o tre tecniche che attireranno l'attenzione del vostro lettore, non dovete correre il rischio di scrivere una mail chilometrica perché i lettori non amano leggere un testo troppo lungo e dispersivo. Scrivi tutto quello che ritieni necessario il tuo lettore debba sapere, poi revisiona il tuo testo ed elimina tutto il superfluo. All'inizio non sarà facile, dovrai effettuare diversi test prima di raggiungere un ottimo risultato, ma quando sarai capace di scrivere email efficaci ed essenziali, capirai quanto utile può essere questo strumento per far volare il tuo business.

COPYWRITING PER I SOCIAL NETWORK

I social network sono diventati ormai molto importanti per creare un collegamento tra voi ed i vostri fan o clienti. Usandolo per la nostra vita personale, ci sembra davvero semplice poter sfruttare le tante opportunità che i social network offrono per la nostra azienda. La brevità ed immediatezza dei post di Facebook ci suggeriscono che chiunque potrebbe scriverli per promuovere un prodotto o servizio. Se avete letto sin qui, probabilmente avrete capito che non è proprio così. Di fatti, è richiesto molto talento e disciplina per scrivere testi brevi, più di quanto ne servirebbe per scrivere contenuti molto lunghi. E la lunghezza, nei social media, è una dimensione che conta parecchio.

Ma partiamo dalla definizione di social media, ossia un sito web, un servizio o una piattaforma che le persone utilizzano per condividere con gli altri esperienze ed opinioni. I social media, rispetto ai media tradizionali, hanno la sostanziale differenza di essere colloquiali a doppio senso. Infatti, mentre i mezzi di comunicazione tradizionali trasmettono i loro messaggi in maniera unilaterale, i social media sono interattivi, perché permettono ed incoraggiano conversazioni a doppio senso fra le parti.

Ad oggi, esistono svariate forme di social media, e non tutte richiedono un'appropriata attività di scrittura. Possiamo categorizzarli in:

- Social network: Fabebook, LinkedIn e Pinterest;
- Blog;
- Servizi di microblogging, come Twitter e Tumblr;
- Siti di condivisione di conenuti multimediali, come Flickr e YouTube;
- Servizi di social bookmarking e servizi stampa: Delicious, Reddit e StumbleUpon.

Per i primi quattro social media in elenco è necessario creare dei contenuti in forma testuale o visiva. Mentre i siti di social bookmarking prevedono la condivisione di materiali già esistenti e difficilmente richiedono una capacità di scrittura.

Condividiamo delle linee guida di natura generale per un'adeguata scrittura su qualsiasi social media:

1. **Dire una cosa sola**: è bene limitare il contenuto di un post ad un singolo argomento, possibilmente con una sola frase (anche più frasi vanno bene, purché siano corte). Se dovete esprimere più concetti,

è consigliabile fare un post per ogni concetto. Questa strategia sarà molto utile per i canali web che richiedono la pubblicazione di post frequenti: se trasformerete un unico lungo post in due o tre post più brevi, produrrete una maggiore attività sul vostro profilo.

2. **Eliminare le parole superflue**: consigliamo di eseguire un *labor limae* su tutti i contenuti che vengono postati. Non è semplice sfrondare un post di tutte quelle ripetizioni e giri di parole tipici della prima stesura, ma è importante, affinché sia efficace, che il tuo post sia conciso ed immediato, e la lunghezza è un grande ostacolo per il suo raggiungimento. Pensate, ad esempio, ai 140 caratteri di Twitter: i social media, protagonisti di una fruizione frettolosa e mirata, non sono fatti per i romanzi brevi.

3. **Utilizzare un linguaggio semplice**: come diceva Nanni Moretti in un film di tanti anni fa "Le parole sono importanti". Quando pubblicate un post sui social media, la scelta di quali parole usare è strategica. È facile cadere nel tranello del lessico ricercato, ma potreste non essere compresi appieno dalla totalità del vostro pubblico, oltre che essere troppo "lunghi".

4. **Impostare il tono**: poiché i post sui social media hanno la finalità di spingere il lettore all'interazione, la scelta di uno stile personale può rivelarsi corretta. Non bisogna risultare troppo freddi o professionali; scrivere come si parla conferisce autenticità a

quello che dite, senza perdersi in giri di parole inutili. Vanno bene le forme contratte, i termini più *cool* del momento, gli acronimi di utilizzo comune ecc. Chiaramente non bisogna confondere lo stile personale con la condivisione di post personali, soprattutto se state rappresentando un vostro datore di lavoro o un'azienda. È sicuramente consigliato il tono colloquiale e lo stile amichevole, senza essere pedanti.

In linea generale, lo stile che scegliete di utilizzare deve puntare al coinvolgimento (in inglese engagement) dei vostri follower sui social network. La scrittura deve essere diretta, ma anche incoraggiare una risposta. Il vostro fine è che i vostri follower mettano "Mi piace" al vostro post, che lo commentino creando delle interazioni e lo condividano con gli amici online. La condivisione è il massimo dei risultati raggiungibili da un post, perché più circola più diventa virale.

Per favorire il coinvolgimento dei vostri follower eccovi alcuni piccoli consigli:

1. **Poni una domanda**: la gente è portata, quando gli si pone una domanda, a rispondervi. Se, ad esempio, state scrivendo un post per una pasticceria, chiedete ai follower qual è la loro torta preferita.
2. **Sii utile a chi ti legge**: date soluzioni ai vostri follower. Solo in questo modo i lettori apprezzeranno il vostro aiuto e lo condivideranno con gli altri.
3. **Incuriosisci il lettore**: se non avete abbastanza spazio per raccontare una storia nel vostro post, date

al lettore un'anteprima di quello che volete mostrarvi, per cui inserite un link al vostro sito web o blog per leggere il resto del vostro racconto.
4. **Parti da un'esperienza personale**: piccoli aneddoti sulla vita personale possono favorire l'empatia con chi legge. Il lettore è interessato per natura a racconti di natura personale ed è più invogliato a commentarle.

Cercate, in poche parole, di spingere il lettore all'interazione. Solo così potrete sfruttare a pieno le opportunità che i social network offrono. Essi sono dei mezzi per facilitare l'interazione sociale (virtuale, badate bene). A dare inizio al processo di interazione è proprio il tuo post, per cui accertati che sia davvero perfetto.

Un approfondimento particolare lo merita il social network per antonomasia: **Facebook**. Infatti Facebook ad oggi è il social network che conta più iscritti e dal quale non potrete prescindere per stabilire una solida presenza online.

Prediligete i post corti: Facebook non impone un limite di caratteri quando pubblicate un post (a differenza di Twitter, ad esempio). Quindi chi scrive è libero di articolare il suo testo nella lunghezza che desidera. In realtà, sebbene non vi sia un limite, è importante che il post non sia troppo lungo. In primo luogo perché gli utenti di Facebook sono abituati a scorrere rapidamente la bacheca; in secondo luogo perché l'app mobile di Facebook tagli i post ad un certo punto, per cui non tutti i lettori cliccheranno su "Continua a leggere". I post corti sono premiati dall'algoritmo di Facebook, in quanto rientrano nei feed delle news, ma sono anche più potenti e diretti. La dimensione consigliata è quella di massimo 250 caratteri.

Aggiungi sempre un link ai tuoi post: È consigliabile includere sempre un link ad ogni post. Il link può portare ad una pagina del vostro sito web, ad un post sul vostro blog, ad un articolo online ecc.

Usa le immagini: inizialmente Facebook era un social network basato sui testi. In seguito, le immagini hanno iniziato ad integrarsi con i testi fino a diventare parte integrante della maggior parte degli aggiornamenti di stato. Le immagini, infatti, attirano maggiormente l'attenzione dei lettori ed illustrano meglio gli aggiornamenti di stato. È bene scegliere un'immagine che completi e si adatti al testo del post, perché l'immagine non deve distrarre dal contenuto del vostro testo, ma solo accompagnare quanto avete scritto.

Utilizzare uno stile personale: il post di Facebook richiede uno stile personale. Per essere più efficace, ti consigliamo di scrivere come se ti rivolgessi ad un'unica persona. Ogni lettore deve pensare che vi stiate rivolgendo proprio a lui, non al pubblico in generale.

Essere attenti alla grammatica: inutile dirlo, la grammatica è sempre al centro dell'attenzione quando scrivete qualcosa per un pubblico vasto e, a maggior ragione, quando scrivete un post su Facebook. Evita acronimi e forme contratte. Hai tutti i caratteri sufficienti per rispettare la lunghezza delle frasi, usare simboli e punteggiatura. Facebook predilige lo stile personale, ma se scrivi in maniera sciatta il lettore se ne accorge. Ricordati che stai scrivendo per proporre un prodotto, per cui ricorda tutte le regole di grammatica viste prima.

COPYWRITING PER ARTICLE MARKETING

Godere di un'ottima reputazione è una delle chiavi per il successo sul web: se riesci a farti conoscere e dimostri di essere un punto di riferimento nel tuo settore, sei già a metà dell'opera.

Questo è importante tanto per le aziende che per i professionisti ed è per questo motivo che di recente si è sviluppata la pratica dell'article marketing, ovvero la diffusione e la scrittura di articoli o ebook gratuiti su un dato argomento.

A favorire lo sviluppo dell'article marketing ci sono tre componenti fondamentali:

1. È molto facile pubblicare e diffondere contenuti;
2. L'article marketing ha costi pressoché nulli se confrontati a quelli della stampa o dell'invio per posta;
3. Le aziende hanno necessità di differenziarsi nell'indifferenziato mondo del web.

In aggiunta alla creazione della reputazione, l'article marketing sul web è molto utile a veicolare visite sul sito dell'azienda o del professionista autore del contenuto.

Per scrivere contenuti sul web sottoforma di articoli o ebook, le regole da seguire non sono tanto diverse da quelle che abbiamo elencato sinora. Tuttavia, è bene riassumere alcune regole chiave importantissime quando scriviamo contenuti per article marketing:

- **Occorre pianificare il lavoro**: come per le newsletter, nell'article marketing è basilare la pianificazione del lavoro. Non puoi permetterti di improvvisare la scrittura di un articolo: scrivere in fretta e male si tradurrà sicuramente in contenuti poco persuasivi e conversioni nulle.
- **Devi trovare argomenti interessanti**: Sembra una banalità, ma per catturare l'attenzione dei tuoi lettori devi trovare qualcosa su cui scrivere che sia utile a chi legge. Se trovi contenuti simili a quello che desideri trattare, le cose da fare sono due: lascia perdere o scrivilo meglio.

- **Non dare l'impressione al lettore di volergli vendere qualcosa**: gli articoli non sono lo strumento adatto per vendere i tuoi beni o servizi. Da una recente statistica, alcuni studiosi hanno osservato che la probabilità che il lettore smetta di leggere quando si accorge che gli stai vendendo qualcosa è molto alta, poiché comprende che quello che legge non gli sarà utile ma è solo pubblicità. È chiaro che l'article marketing è fatto per vendere, ma deve agire in maniera indiretta.
- **Non pubblicare contenuti duplicati**: quando scrivi un articolo, non pubblicarlo mai in tanti siti diversi con la convinzione che la diffusione sia maggiore. È il peggior errore che potresti commettere. Infatti, i motori di ricerca, primo tra tutti Google, sono capaci di individuare i contenuti duplicati, per cui il primo articolo funzionerà ma gli altri verranno catalogati come inutili e dunque saranno penalizzati nei risultati di ricerca.
- **Individua il canale giusto su cui pubblicare**: alla luce di quanto detto, una volta che scrivi un articolo, se non puoi pubblicarlo su decine di siti, devi individuare il canale migliore in cui pubblicarlo. E quale posto migliore di una specifica sezione del tuo sito o sul blog della tua azienda? Questa azione si tradurrà in ingenti visite sul tuo sito e riuscirai a collegare il contenuto redatto all'attività della tua azienda in modo istantaneo.

- **Impegnati a dare credibilità a quello che scrivi**: quando scrivi qualcosa, accertati di essere sufficientemente informato a riguardo. Se il lettore carpisce una tua inesperienza, soprattutto quando tratti argomenti specialistici, interromperà la lettura e non sarai stato in grado di incrementare la tua reputazione sul web, anzi l'avrai danneggiata.

Una volta compresi gli step base di un article marketing di buona qualità, passiamo ora in rassegna quello che non deve mai mancare in un articolo:

- **Titolo**: il titolo ha un ruolo fondamentale nella buona riuscita della tua azione di article marketing, poiché deve essere abbastanza convincente ed interessante da invogliare il lettore a proseguire nella lettura. Non lasciare al caso la formulazione del titolo: rendilo interessante e tieni incollato il lettore a ciò che scrivi.
- **Sottotitolo**: il sottotitolo rafforza l'argomento presentato nel titolo inserendo qualche informazione interessante per il lettore. Anche al sottotitolo occorre prestare la giusta attenzione per non rischiare di annoiare il lettore ancor prima che inizi a leggere il vostro articolo.
- **Corpo del testo**: nel corpo del testo deve essere concettualmente presente quanto introdotto da titolo e sottotitolo. Non usare giri di parole: sii diretto e fornisci informazioni dirette, precise, efficaci e, soprattutto, utili.

- **Chiarezza, efficacia e sintesi:** non ci sono misure standard per un articolo di buona qualità. Essere concisi non sempre si rivelerà efficace, così come essere troppo prolissi. Cerca di condensare tutte le informazioni utili legandole tra di loro in maniera coerente, non badando alla lunghezza del testo. Se il contenuto dovesse rivelarsi troppo lungo per essere sviscerato in un solo articolo, puoi dividere l'argomento in macroinformazioni e trattare queste ultime in più articoli.
- **Linka il tuo sito web:** se l'article marketing ha lo scopo primario di rafforzare la reputazione online e procurare visite al tuo sito web, tutti i tuoi sforzi nello scrivere un buon articoli saranno completamente vanificati se non inserisci il nome dell'autore o non linki il tuo sito. Ti consigliamo di non inserire il link del tuo sito nel corpo dell'articolo, ma di linkarlo in calce all'articolo stesso.
- **Call to action:** l'articolo non deve solo servire a portare visite al tuo sito web. Potresti anche usarlo per far iscrivere i lettori alla tua newsletter o ad aggiungersi come fan alla tua pagina Facebook. Per questo, è consigliabile indicare il profilo dell'autore con l'invito all'azione.

SEO COPYWRITING

Chi ha avuto a che fare con il copywriting, quasi sicuramente avrà sentito parlare di SEO. Innanzitutto, chiariamo che cosa si intende con la sigla SEO. L'acronimo SEO sta per Search Engine Optimization, ossia il sistema che permette di gerarchizzare in ordine di importanza e pertinenza i diversi contenuti presenti sul web. In altre parole, la SEO è la materia che si occupa di rendere comprensibili i nostri contenuti ai motori di ricerca (Google in primis) e quindi di permettere loro di indicizzarli in alto nella ricerca.

Perché un buon copywriter deve conoscere i fondamenti di questa materia? La risposta sembra banale, ma redigere il contenuto non è l'unica cosa di cui un ottimo copywriter deve preoccuparsi. In lui, proprio per il lavoro svolto nell'opera di scrittura, deve esistere anche la necessità di far leggere quello che ha scritto. O renderlo leggibile ai motori di ricerca. In questo senso, se ti troverai a dover scrivere contenuti per un blog o un giornale online, è importante che il tuo articolo sia correttamente catalogato nei motori di ricerca. Anche per il tuo sito web vale lo stesso ragionamento: senza una SEO corretta durante la ricerca il tuo sito risulterà in coda ad altri siti che hanno adoperato meglio le regole della SEO.

A questo punto, iniziamo a capire la differenza che esiste tra copywriting e SEO copywriting. Mentre il copywriting, come ormai sappiamo, può essere intesa come l'arte di scrivere contenuti informativi che siano emozionanti e persuasivi per il letore, il SEO copywriting consiste nella scrittura ottimizzata per i motori di ricerca. Se, di fatti, Internet offre una sterminata sfilza di vantaggi per le imprese che desiderano implementare il proprio business, il SEO copywriting li dota di una visibilità nei motori di ricerca (Google fra tutti). Affinché questo sia possibile, occorre redigere testi efficaci, interessanti, utili ed attinenti alle ricerche dei navigatori della rete.

La prima cosa di cui si deve occupare un buon SEO copywriter, dunque, è quella di scoprire quali sono gli argomenti più cliccati sul web. In ottica SEO, quali sono le keyword ("parole chiave") che le persone utilizzano per effettuare una ricerca su Google. A questo proposito, può essere utile una visita su Google Keyword Planner per cercare le parole chiave preferit e con più volume di ricerca su Google. Questo servizio è completamente gratuito e può aiutarti nello scrivere contenuti SEO oriented. Il nostro consiglio è quello di non concentrarsi solo sulle parole chiave più inflazionate: è molto probabile che anche i vostri concorrenti le utilizzeranno. Concentrati anche sulla "coda lunga", ossia sulle keyword secondarie su cui i tuoi concorrenti non si sono soffermati, ma che possono consentirti di godere di un posizionamento più facile e di una buona visibilità.

Quindi, una volta individuate le keyword su cui puntare, occorre inserirle nel titolo del tuo articolo e nel testo stesso dell'articolo, magari evidenziandole in grassetto. Per scrivere contenuti SEO-friendly, eccovi alcuni piccoli consigli:

- **Privilegia le parole e non le immagini**: i moderni motori di ricerca filtrano solo il testo di una pagina web, non le sue immagini, video o animazioni. Per questo motivo, presentate i vostri contenuti più importanti sottoforma di testo.
- **Ripeti le parole e le frasi chiave**: l'abbiamo già detto, occorre ripetere più e più volte le parole e le frasi chiave che avete individuato. Queste vanno inserite nel titolo e nel corpo del testo, in modo assolutamente naturale. Il testo deve essere fluido ed organico, anche se SEO oriented: qui si misura la vostra bravura!
- **Condensa all'inizio i concetti più importanti**: sia per le parole chiave che per gli argomenti fondamentali, è bene posizionarli all'inizio della pagina

web, dove è più semplice che gli spider dei motori di ricerca li trovino.
- **Dividi il testo**: non presentate un blocco infinito di testo, ma suddividetelo in piccole porzioni. Ogni pezzo avrà il suo titolo e sarà più semplice per il lettore e per i motori di ricerca trovare le informazioni.
- **Non scrivere testi troppo brevi**: sebbene non possa fungere da regola generale, scrivere testi abbastanza lunghi aiuta i motori di ricerca a trovare le parole chiave che hai inserito, premiandoti nei risultati di ricerca. Una statistica sostiene che i principali motori di ricerca preferiscano le pagine con 1000 parole circa.

Pagine e pagine di manuali, nonché corsi e master sono dedicati alla SEO, per cui se ti interessa questo argomento troverai una sterminata bibliografia specialistica a cui attingere. In questa sezione, abbiamo dato dei piccoli consigli che, se tenuti a mente, possono essere sufficienti ad una buona indicizzazione del tuo sito web. Un testo SEO-friendly è senz'altro utile, ma è la qualità e l'unicità del testo a contare più di tutto, non lo dimenticare!

COPYWRITING PER LANDING PAGE

Internet ha da tempo mitigato la sua funzione sociale ed informativa per potenziare invece la sua anima commerciale. Le persone, infatti, non utilizzano più la Rete soltanto per leggere quotidiani online o per tenersi in contatto con gli amici, ma anche per acquistare online, chiedere e comparare informazioni. Le aziende hanno ovviamente sfruttato questa necessità a loro esclusivo vantaggio, ideando formule sempre più innovative per spingere la gente a compiere delle azioni. Uno degli strumenti più utilizzati a questo scopo e la landing page.

Che cos'è una landing page? Letteralmente si traduce con "pagina di atterraggio" ed indica una pagina web su cui l'azienda o il professionista fa "atterrare" il lettore per persuaderlo a compiere un'azione. Di solito, la landing page appare al visitatore dopo aver cliccato un link o una pubblicità ed è il cuore della strategia commerciale online di ogni azienda. È chiaro che, se sei un buon copywriter, i tuoi annunci dovrebbero portare traffico alla tua landing page, il luogo privilegiato dove tenti di chiudere la vendita o almeno cerchi di carpire i dati di contatto del lettore per poter fare email marketing.

La landing page è un elemento strategico del web marketing ed alla sua struttura dedicheremo l'intero prossimo paragrafo. Intanto, vediamo quali sono gli elementi che non devono mancare assolutamente nella tua landing page:

- **Testimonianze**: sappiamo quanto sia importante, per un lettore che non conosce il tuo prodotto o servizio, leggere le esperienze e le recensioni che altri clienti hanno fatto con il tuo prodotto. A questo proposito, nella tua landing page non può mancare la testimonianza di uno o più clienti, delle recensioni particolarmente emotive, in grado di raccontare il tuo prodotto o servizio più che descriverlo semplicemente.
- **Leggerezza**: in generale questa regola vale per tutti i siti web, ma andiamo a capire perché è importante che una landing page sia leggera. Molto spesso una pagina ben strutturata ma pesante non

converte, perché richiede tempo prima di aprirsi, dunque non è affatto funzionale. Se il tuo lettore arriva alla landing page da Instagram tramite un'inserzione sponsorizzata, l'ultima cosa che vorrà fare è attendere anche solo 10 secondi perché si carichi la tua pagina. L'avrai perso, e con lui anche la tua potenziale vendita.

- **Ottimizzata per smartphone**: ormai è risaputo che la stragrande maggioranza del traffico internet è generato da dispositivi mobili, ossia smartphone. Soprattutto il traffico sui social network, dove andrai a fare i tuoi annunci sponsorizzati. Per questo motivo, è indispensabile che la tua landing page sia leggibile da smartphone: per usare un termine tecnico, design responsive.

- **Form di contatto**: i tuoi lead devono avere sempre la possibilità di mettersi in contatto con la tua azienda, meglio se in modo facile e rapido. Ogni landing page deve contenere un modulo di contatto, per dare la possibilità a chi desidera maggiori informazioni di ottenerle (e quindi aumentare la probabilità di conversione) e soprattutto per farti lasciare il loro prezioso contatto che potrai utilizzare a scopi pubblicitari.

Andiamo adesso a vedere nello specifico la struttura di una landing page per poter sfruttare a pieno il suo elevato potenziale di vendita.

ANATOMIA DI UNA PAGINA DI VENDITA

Prima di passare in rassegna gli elementi di una landing page o pagina di vendita, è bene chiarire cosa non deve esserci mai in una landing page. In una pagina di vendita non deve mai essere presente qualcosa che non sia funzionale all'obiettivo. Tutte le immagini, i testi o i link sulla pagina devono essere strettamente collegati alla call to action stabilita. Nella landing page, infatti, la navigazione è ristretta per non distogliere il lettore dal compimento dell'azione desiderata, per cui bisogna andare dritti all'obiettivo altrimenti il lettore chiuderà la pagina, facendo inesorabilmente sfumare ogni possibilità di vendita.

Una landing page di buona qualità possiede una struttura strategica fortemente orientata allo scopo, riducendo al minimo le distrazioni del lettore. Se il lettore rimane concentrato sul tuo messaggio, è più probabile che compia l'APD (azione più desiderata).

Iniziamo con gli elementi chiave di una landing page o pagina di vendita efficace:

- **Headline (o titolo killer)**: l'headline deve essere il più possibile chiara, breve, persuasiva e coinvolgente a livello emotivo. Questa è la parte a cui devi prestare più attenzione perché se il tuo titolo killer sarà coinvolgente ed invoglierà il lettore a proseguire nella lettura, sarai a metà dell'opera. Una buona headline non dovrebbe superare le 12 parole, prediligi la forma verbale attiva a quella passiva. Devi generare curiosità e stupore, senza essere troppo esplicito, anzi stimolando l'immaginazione del lettore.

- **Sub-headline**: questa ha due scopi principali. Il primo è quello di semplificare al lettore la scansione della pagina. Il secondo, invece, è quello di tenere desto l'interesse del lettore con delle piccole headline. La sub-headline è il titolo dei paragrafi ed ha la stessa struttura sintattica di una headline.

- **Paragrafo**: in questa sezione puoi sviscerare porzioni della tua strategia di vendita, ad esempio spiegando al lettore come il tuo prodotto o servizio si posiziona rispetto alla concorrenza. Ogni paragrafo si alterna alle varie sub-headline.

- **Call to action**: la CTA è utile per spingere il tuo lettore a compiere un'azione qualsiasi. Non serve alcuna landing page senza una call to action dentro. La proposta all'azione deve essere diretta, senza giri di parole. Alcuni esempi "celebri" di CTA sono: Aggiungi al carrello, compra subito, ordina ora, chiedi un preventivo adesso.

- **Testimonials/Riprova sociale**: come già noto, un potenziale cliente che si ritrova per la prima volta di fronte al tuo prodotto/servizio, avrà bisogno di conferme che quello che gli stai vendendo funziona o gli è utile; pertanto, sarà fondamentale riportare nella tua landing page le testimonianze dei tuoi clienti, meglio se persone note e con un certo credito nel settore di riferimento.

- **Garanzia**: in alcuni casi, può essere risolutiva per l'acquisto del tuo bene o servizio. Il famoso "soddisfatti o rimborsati" non è una semplice formuletta usa e getta, ma una vera rassicurazione per il cliente.
- **Reminder**: in calce alla tua landing page, magari dopo aver sviluppato in paragrafi e sub-headline tutti i punti di forza del tuo prodotto/servizio, è importante posizionare un bel remainder (o promemoria) corredato di CTA. Il remainder riassume la tua offerta e spesso ribadisce il suo valore e lo sbaglio che il lettore farebbe a non approfittarne.

Come ribadito spesso, nelle landing page, come nella comunicazione web in generale, è fondamentale fornire subito le informazioni più importanti, per poi passare a quelle accessorie. Scrivere una landing page piena di dettagli inutili è tempo sprecato. Molto spesso nella tua pagina di vendita devi concentrare una tale quantità di informazioni importanti che non ti sarà consentito dilungarti in approfondimenti ininfluenti, o lo pagherai a caro prezzo.

Occorre definire in modo univoco l'obiettivo della tua landing page, che molto spesso non è quello di vendere (vendere un'auto online sarebbe un obiettivo troppo ambizioso anche per i copywriter migliori; far compilare un form per ottenere informazioni sull'auto che vendi è senz'altro un obiettivo raggiungibile tramite landing page e potrebbe rivelarsi addirittura più utile). Di fatti, la percentuale di persone che acquista durante la prima visita è di gran lunga inferiore a quella che desidera ottenere maggiori informazioni e capire se può darti fiducia.

Fai di tutto per semplificare i processi del tuo lettore: dalla insperata vendita alla richiesta di informazioni. Solo così potrai ottenere dei risultati soddisfacenti dalla tua landing page.

INTEGRARE CORRETTAMENTE I CONTENUTI VISIVI

Come è giusto che sia, sinora ci siamo concentrati sulla potenza della scrittura nel lavoro di un bravo copywriter. Al copywriter è richiesto di scrivere dei contenuti accattivanti in grado di convertire, certo. Ma un copywriter che si rispetti non deve mai sottovalutare il potere delle immagini. I contenuti visivi, infatti, supportano il testo e, spesso, lo rendono più intellegibile, di qualità superiore. L'integrazione di elementi visivi con testi è un'arte di grande equilibrio, poiché l'immagine giusta è quella che supporta e completa il senso di una buona copy, non lo sovrasta e non confonde il lettore.

Quando dobbiamo comunicare informazioni complesse, può essere utile il sostegno delle immagini. Questo perché molti lettori desiderano vedere che aspetto abbia il tuo prodotto o come funzioni piuttosto che leggerne la descrizione. I contenuti visivi ci aiutano a tenere desta l'attenzione del lettore, sfruttando la potenza visiva di un'immagine. Allo stesso modo, non tutti apprendono le informazioni in maniera uguale: c'è chi preferisce assimilare le informazioni attraverso un testo, ma c'è chi comprende meglio un concetto attraverso un'immagine. L'inserimento di elementi visivi in un testo anche lungo dà respiro al suo contenuto e ne migliora l'aspetto complessivo.

Con la parola immagine possiamo riferirci a svariate tipologie di elementi visivi: fotografie, illustrazioni, animazioni, tabelle, grafici, clip art e così via. Ovviamente ognuno di questi elementi ha un impatto differente sul lettore e soprattutto al testo che andate con esso ad arricchire.

Le fotografie, ad esempio, possono essere utili per rappresentare esempi tecnici, i grafici rappresentano al meglio contenuti non numerici, un'infografica può essere un ottimo alleato nella spiegazione di un'analisi numerica dettagliata, mentre un video è perfetto per dimostrazioni, istruzioni, panoramiche del vostro prodotto, interviste e testimonianze. Ogni elemento visivo, dunque, possiede un proprio senso che deve corrispondere al contenuto che state presentando.

Ogni elemento visivo (fotografia, video, disegno al tratto, infografica) ha un professionista che lo produce, quindi se ritenete necessario integrare nei vostri testi una specifica immagine, occorrerà rivolgersi ad un professionista del settore. Non improvvisatevi grafici o fotografi se non lo siete: la mancanza di esperienza trasparirà nelle immagini che produrrete, con l'effetto contrario di danneggiare e non supportare il vostro testo. Anche un testo sublime accompagnato da una foto a bassa risoluzione non riuscirà a salvarvi dal giudizio impietoso del vostro lettore. Se intendete integrare un contenuto visivo, dovrete prestarvi attenzione e lavoro tanto quanto per la copy che state scrivendo.

Vediamo nello specifico i contenuti visivi più utilizzati dai copywriter ed il loro prezioso contributo in una copy ben scritta:

- **Clip art**: le clip art, rese celebri da programmi di elaborazione di testo come Microsoft Word, sono illustrazioni già pronte che possono essere inserite in una pagina web o in qualsiasi altro documento. La clip art, tuttavia, spesso ha un design scadente e soggetti standardizzati, per cui non è consigliabile utilizzarla in un sito web o blog professionale, per la sua natura amatoriale. Le librerie di clip art, inoltre, sono gratuite, per cui potreste incorrere il rischio che un vostro concorrente le abbia già utilizzate, compiendo un errore che potrebbe risultarvi fatale.
- **Disegni al tratto**: sono assimilabili alle illustrazioni e possono essere più o meno dettagliati, a seconda dell'uso che se ne farà. I disegni al tratto sono, ad esempio, utilizzati dal Wall Street Journal per ritrarre e permettere al lettore di identificare i suoi

editorialisti; sono, altresì, molto indicati per i libretti di istruzioni.

- **Fotografie**: le potete inserire nel vostro sito web, sul portale e-commerce, nei post del vostro blog, nelle comunicazioni via email e nei vostri aggiornamenti di stato sui social media. Utilizzate foto appropriate, pertinenti al testo che devono supportare e di buona qualità. Potete scattarle voi o acquistarle su Internet, non "rubatele" dalla rete, potreste incorrere in salate multe per violazione di copyright. Le foto con una buona luce e prive di difetti, come gli occhi rossi, fanno più presa sui lettori, oltre al fatto che rendono più bello ciò che le circonda. Cercate di non utilizzare immagini stereotipate o inflazionate, annoiano il lettore. Usatele con parsimonia: il rapporto tra testo ed immagini su una pagina deve essere di 75/25. Troppe foto penalizzeranno il tuo testo e aumenteranno il tempo di download della pagina, il che è deleterio per qualsiasi professionista che vuole vendere il suo prodotto/servizio.
- **Grafici**: i grafici o gli schemi sono utilissimi per comunicare in maniera rapida e semplificata informazioni numeriche complesse. Se dovete parlare di numeri, fatelo con un grafico: numeri di vendita, dati demografici, statistiche. I grafici possono essere di varie tipologie (a torta, a linee, a barre, a dispersione ecc.) ed ogni tipologia è adatta ad un dato tipo di informazione, per cui dovrete prestare

attenzione alla scelta del vostro grafico per presentare i vostri dati. Potete creare grafici con Microsoft Excel o PowerPoint partendo dai dati che avete inserito in un foglio di calcolo. Usate i colori e scegliete dei font grandi e descrizioni brevi e semplici.

- **Infografiche**: sono di utilizzo abbastanza recente (soprattutto in blog e social network) ed aiutano a rendere visivamente attraenti i dati che desiderate mostrare. L'infografica, di fatti, permette di presentare qualsiasi genere di dato in un unico elemento visivo. È facilmente leggibile e solitamente contiene al suo interno più elementi visivi come grafici ed immagini. Se utilizzate un'infografica, assicuratevi che le informazioni ivi contenute siano attinenti e precise.

- **Animazioni**: sono immagini in movimento e sono molto utilizzate online. Un buon utilizzo delle animazioni è, ad esempio, quello di dimostrare il funzionamento di un dispositivo o di un processo. Niente cartoni animati se non gestite un sito a sfondo comico/satirico. Le animazioni, infatti, sono un'arma a doppio taglio: se utilizzate male, possono risultare totalmente inutili.
- **Video**: online troviamo brevi filmati integrati nelle pagine web o nei post dei blog. I video sono davvero utili a dimostrare un prodotto o spiegare come fare qualcosa (tutorial). Spopolano online i video di ricette, ma sono anche utili per interviste o testimonianze. I video sono utili anche come elemento di intrattenimento per un blog o un sito web e sono diffusissimi sui social media. Poiché si tratta di un contenuto visivo molto potente, dovete calibrare bene il suo utilizzo: potrebbe completamente offuscare il vostro testo. I video online più efficaci sono quelli che educano il visitatore, lo informano o intrattengono. Non cedere alla tentazione di divertire a tutti i costi il tuo lettore: questo tipo di video non contribuirà minimamente allo scopo che ti sei prefissato, ossia fissare il tuo messaggio nella sua mente.

METODI DI SCRITTURA PER ANNUNCI PUBBLICITARI E BANNER

Non sempre conoscere i rudimenti della SEO, cioè le tecniche per ottenere un buon posizionamento nei risultati dei motori di ricerca, è sufficiente. Molto spesso, prima che un sito web riesca ad ottenere traffico da Google, può passare molto tempo. Uno dei modi più facili ed immediati per ottenere visite online è comprare pubblicità. Un buon copywriter deve essere in grado di scrivere annunci sottoforma di testo e grafica.

Le modalità di vendita degli spazi pubblicitari online ha subito profonde modificazioni nel tempo. Ecco le pubblicità più utilizzate:

- **PPC (Pay Per Click)**: paghi solo se il lettore fa click sull'annuncio. Funzionano così gli annunci su Google: se milioni di visitatori lo vedono ma non clicca nessuno, l'inserzionista non è tenuto a pagare alcunché.
- **CPM (Costo Per Mille Impression)**: paghi un tot ogni 1000 visualizzazioni (impression) di un annuncio, indipendentemente dai click ricevuti.
- **PPT (Pay Per Time)**: paghi una cifra per un periodo di tempo stabilito, indipendentemente dai click e dalle impression generati.
- **PPL (Pay Per Lead)**: paghi solo se l'annuncio genera un lead, ossia una richiesta di contatto attraverso la compilazione di un form.
- **PPS (Pay Per Sales)**: paghi solo se l'annuncio genera una vendita finalizzata.

Esistono tre tipologie principali di banner pubblicitari:

1. **Annunci solo testo**: i più diffusi sono gli annunci Google e, nella loro redazione occorre rispettare poche semplici regole. Il Titolo 1 deve essere di 30 caratteri al massimo, il Titolo 2 di 30 caratteri, la descrizione di 80 caratteri circa, mentre l'indirizzo web visualizzato deve contenere al massimo 15 battute. Per questo tipo di annunci, occorre possedere sintesi, efficacia e bisogna distinguere tra parole utili ed inutili.
2. **Annunci display (testo ed immagine)**: sono molto variegati. Si va dalla semplice immagine con testo per arrivare a complesse creazioni grafiche con

slide, video e musica. Gli elementi distintivi di un annuncio display sono il visual (immagine), il titolo, il corpo del testo, eventuale animazione o effetti ed il payoff del logo.

3. **Annunci video**: pensiamo ad esempio a tutti gli annunci che ci appaiono prima di un video su YouTube.

Certamente, anche scrivere banner richiede il rispetto di alcune semplici regole che ricapitoliamo di seguito:

- **Definisci l'obiettivo**, ossia presenta un'idea alla volta. Non inserire troppe informazioni ed inviti all'azione in un unico banner: crea campagne separate e lavora su un singolo obiettivo.
- **Invita al contatto**, il classico "clicca qui" può aiutare, ma cerca di essere originale perché il lettore è bombardato da messaggi di questo genere e solo se il tuo annuncio sarà diverso dagli altri attirerà la sua attenzione.
- **Aggiornati**, Internet è un mondo fluido e mutevole, cambia ogni giorno. Quello che vale oggi potrebbe rivelarsi obsoleto già domani, pertanto aggiornati continuamente e rimani in ascolto sulle novità del settore, per poter cavalcare l'onda o anticipare i tempi, ottenendo un importante vantaggio competitivo sui tuoi concorrenti.

LE PAROLE CHE INFLUISCONO NEGATIVAMENTE SULLA PSICHE DEL LETTORE

Talvolta è utile considerare il nostro lettore come una creatura fragile: quello che scriviamo ha un impatto, più o meno potente (questo dipende dalla nostra bravura), su di lui e sulla sua psicologia.

Anni di copywriting hanno messo in luce errori madornali nella scelta delle parole da usare. Il copywriter deve essere molto arguto nello scegliere quelle parole che stimolano l'immaginazione del lettore e lo spingono all'azione, mentre ne deve evitare altre per non irritarlo, annoiarlo o, in casi estremi, farlo scappare a gambe levate dalla tua pagina web.

Ecco a te le 5 parole che non devi mai inserire nelle tue copy perché è provato che influiscano negativamente sulla psiche del lettore, facendoti completamente perdere la sua attenzione.

1. **Compra**: questa parola può suggerire al lettore una diminuzione dei soldi nel suo portafoglio, per cui proviamo a sostituirla con parole dall'accezione più positiva come investi, prenota oppure acquista, inserite nel giusto contesto.
2. **Impara**: questa parola fa intendere al lettore che dopo l'acquisto del prodotto dovrà perdere del tempo a studiarlo, il che non lo mette in condizioni a noi favorevoli. Meglio utilizzare scopri: questa parola stimolerà la sua curiosità e lo porterà a volerne sapere di più.
3. **Dire**: questa parola è troppo generica e banale. Utilizza verbi più allusivi come rivelare, scoprire ecc.
4. **Cose**: anche questa parola è davvero inflazionata a tal punto da aver perso il suo significato. Quando parli del tuo prodotto devi essere il più specifico e chiaro possibile, perciò quella parola è bandita!
5. **Fare**: questa parola è troppo prosaica e non invoglia il tuo cliente ad agire, per cui sostituiscila con mettere a frutto, azione/agire, mettere in pratica ecc.

LE PAROLE POWER BOOSTER

Adesso, concentriamoci invece sulle parole che, invece di influire negativamente sulla psiche del lettore, ne attraggono immediatamente l'attenzione, scatenando una forte emozione che li incoraggerà all'azione ed all'acquisto.

Consigliamo di inserire qualcuna di queste parole power booster nelle headline, la parte più importante di una copy, senza esagerare però.

Ecco di seguito le parole che consentono un'efficace conversione:

1. **Segreto**: la potenza di questa parola sta proprio nel suo mistero. Suggerisce qualcosa di non rivelato, qualcosa che occorre scoprire proseguendo la lettura della tua copy.

2. **Risultati**: questo è quello che davvero desiderano dal tuo prodotto o servizio, per cui usa questa parola per dare un segnale forte ed attirare la loro attenzione.

3. **Potente/forte/migliore**: ottimi aggettivi che descrivono un prodotto di grande qualità. Se sei sicuro che il tuo prodotto lo sia, non avere paura di usare questi termini.

4. **Testato**: il lettore vuole rassicurazioni sul tuo prodotto, soprattutto se è la prima volta che lo vede o ne sente parlare, pertanto se aggiungi che il tuo prodotto è stato testo su X persone senza dare loro problemi, anzi migliorando le loro condizioni di vita, il lettore sarà predisposto a darti fiducia.

5. **Garantito**: il lettore non si accontenta di un risultato promesso, esige un risultato garantito. Se userai questa parola, stai diminuendo il rischio percepito legato all'acquisto del tuo prodotto.

6. **Esclusivo**: il lettore che pensa di accedere ad informazioni o prodotti/servizi esclusivi, si sente privilegiato e più incline all'acquisto.

7. **Nuovo**: questo aggettivo non deve mai mancare nel lessico delle tue copy. Nessuno desidera un prodotto vecchio o obsoleto. Ribadisci che non è così.

8. **Tu**: usare un tono diretto con il lettore aumenterà il suo coinvolgimenti, si sentirà chiamato direttamente in causa e farà dell'acquisto del tuo prodotto una questione personale.

9. **Salute**: se il tuo prodotto è legato all'ambito bio o fitness, utilizza questa parola per far sì che il lettore associ al tuo prodotto un'idea di salubrità.
10. **Eccitante**: il sesso aiuta a vendere. Nei giusti contesti, anche questo aggettivo può scatenare la voglia di provare il tuo prodotto.
11. **Soldi**: purtroppo quello con cui tutti noi campiamo, pertanto se prometti loro di guadagnare dei soldi, saranno sicuramente attenti a ciò che scrivi.
12. **Risparmio**: Tutti noi desideriamo risparmiare tempo e denaro, per cui questa parola è magica quando viene letta dal lettore perché attira subito la sua attenzione.
13. **Gratis**: dobbiamo spiegare perché? Importantissima se desideri aumentare la tua lista contatti o sottolineare l'importanza dei bonus offerti dal tuo prodotto.
14. **Offerta limitata**: l'idea di scarsità della proposta aumenterà gli acquisti di impulso.
15. **Facile**: nessuno vuole complicarsi la vita. Fa' che il tuo prodotto gliela semplifichi e otterrai una vendita sicura.
16. **Upgrade**: l'evoluzione di un prodotto che ha successo non farà altro che aumentare l'interesse e le vendite. Con questa parola comunichi al lettore che investi nello sviluppo e nel miglioramento continuo del tuo prodotto, offrendogli sempre la versione migliore possibile.

L'IMPORTANZA DELLO STORYTELLING

Le persone, e soprattutto i clienti, amano le storie. Le storie li incuriosiscono, se ben raccontate appassionano ed emozionano. Il marketing ha compreso tutto ciò ed ha sviluppato la tecnica dello storytelling.

Che cosa significa storytelling? Letteralmente dall'inglese si traduce con "raccontare una storia". Questa tecnica, sempre più diffusa nel mondo del copywriting, ti sarà molto utile se desideri ottenere una comunicazione vincente ed efficace.

Attenzione però a non confondere lo storytelling con l'invenzione di storie di fantasia e racconti non autentici. La bravura di chi sa fare storytelling è proprio quella di costruire una storia intorno al proprio prodotto o servizio. Occorre sviluppare una narrazione che stimoli il lato emozionale del lettore, lo tenga incollato al tuo racconto e lo aiuti ad associare i valori che hai evocato tramite la tua storia al tuo prodotto o servizio. Se sei molto bravo, potresti riuscire anche a giustificare una comunicazione orientata alla vendita con elementi di racconto che colpiscono e coinvolgono il lettore.

Molto spesso lo storytelling ti aiuta anche a rendere più lunga la tua copy e, se sarai abbastanza bravo, riuscirai a tenere incollato il lettore sino all'ultima parola. L'enorme potere delle storie è stato sfruttato su molte piattaforme, come Facebook, Youtube e Instagram (negli ultimi due casi, accompagnati da un video).

Raccontare storie è una vera e propria arte e attraverso lo storytelling sarai in grado di comunicare in maniera perfetta i valori della tua impresa e questo ti farà guadagnare nuovi clienti. La scelta delle parole è decisiva, ma anche la spettacolarità di una ripresa video o la potenza di un'immagine. Come un buon autore, devi creare il giusto mix per emozionare il lettore ed i tuoi contenuti devono essere coerenti con il valore del tuo prodotto e l'identità della tua azienda: solo così lo storytelling ti assicurerà un successo di vendite.

I brand più famosi utilizzano moltissimo storytelling di buona qualità. Questo significa che il loro messaggio pubblicitario non è mai standard ed asettico, ma è intriso di componenti emozionali di forte impatto emotivo. In altre parole, devi essere in grado di far sognare il tuo lettore!

Non pensare, però, che lo storytelling consista semplicemente nel raccontare una storia qualsiasi, o nel raccontare una storia totalmente inventata al solo fine di aumentare le vendite. Il lettore non è stupido e capirà che la state sparando grossa al solo scopo di fargli acquistare il tuo prodotto.

Come esercizio, prova a visitare il sito web di qualche brand famoso ed inizia a leggere articoli o pagine di vendita: prendi ad esempio il loro metodo di racconto per capire come si fa e metti in pratica quello che abbiamo detto, stimolando la tua immaginazione e creatività. È molto importante trovare una chiave di racconto originale per presentare il tuo prodotto; non copiare spudoratamente o il lettore troverà la tua storia uguale a quella di tante altre già lette. Diversifica il tuo prodotto attraverso una narrazione unica e diversa, solo così colpirai il tuo lettore e lo spingerai a volerne sapere di più.

ESERCIZI DI SCRITTURA CREATIVA

Tra le doti del buon copywriter non deve mai mancare quella di saper scrivere in maniera creativa. Quello che differenzierà i suoi testi da quelli di chiunque altro è proprio l'estro che adopererà nell'elaborarli, che li renderà diversi da quelli di tutti i suoi colleghi.

La scrittura creativa per molti professionisti è un dono, o un talento che hanno imparato a coltivare. Chiunque può esercitare la propria vena creativa ed incanalarla nella scrittura. Non sempre ci si sente ispirati, per cui è sempre bene tenere a mente due o tre trucchi del mestiere per chi svolge il lavoro della scrittura. Ti consigliamo di eseguire questi esercizi almeno un paio di volte a settimana e diradare la frequenza con il tempo, quando avrete acquisito una discreta sicurezza nei vostri mezzi di scrittori creativi.

Eccone alcuni:

- **Scrivi liberamente**: se desideri allenare la tua abilità nella scrittura, prova con la scrittura libera. Puoi scrivere, ad esempio, come è trascorsa la tua giornata, arricchendo il racconto con sempre maggiore dettaglio, ricreando situazioni o anche inventando di sana pianta quello che vorremmo ci fosse successo, per stimolare la vena creativa. Scrivi senza la sensazione di essere costantemente giudicato: nessuno leggerà quello che hai prodotto, scrivi solo per te come esercizio di stile.

- **Scrivi al buio**: scrivere al buio può rivelarsi un ottimo esercizio per quelle persone che hanno la mania di rileggere una frase dopo averla scritta. Scrivere al buio priva del senso della vista, questo significa che aguzzerai tutti gli altri sensi ed amplificherai il tuo senso creativo, che convoglierai nella tua scrittura. È importante, per la buona riuscita dell'esercizio, che tu scriva su carta.
- **Scrivere a schermo spento**: stesso principio di cui sopra, dedicato a chi non vuole o non riesce a scrivere su carta. Tieni il pc acceso, spegni solo il monitor ed inizia a scrivere. A parte alcuni errori di battitura che potrai correggere in seguito, questo esercizio, al pari del precedente, stimola la creatività, evita di rileggerti sino allo sfinimento ed è di fondamentale aiuto per la tua tecnica di scrittura.
- **Non abbatterti al primo blocco creativo**: capita anche al migliore degli scrittori di arrivare ad un punto morto del racconto, dove sembra che non ci sia più nulla da scrivere. Succede, e non ci sono dei veri e propri esercizi per scongiurare il blocco dello scrittore. Una buona strategia è quella di alzarsi dalla sedia, farsi una passeggiata o parlare con qualcuno. Distrarsi e provare a trovare ispirazione in quello che facciamo.

A/B TESTING PER IL COPYWRITING

Non esistono dogmi certi nel copywriting. Anche le regole o consigli che abbiamo elargito sono delle linee guida da seguire, non delle garanzie di successo. Molto di tuo deve essere messo nel lavoro di scrittura, al di là di qualsiasi vademecum.

Quindi, non esistono due prodotti o due promozioni uguali. Il consiglio è quello di creare diversi testi e testare quello che funziona di più. Test di questo tipo si chiamano A/B. Che cos'è un A/B test? È una verifica che si fa su più varianti di landing page, di solito due: una la chiamiamo A e l'altra B. Si invia il 50% del traffico sulla landing page A ed il residuo 50% su quella B. Così riuscirai a testare quale delle due pagine converte di più. Oltre alle landing page, con il test A/B si possono testare due varianti di pagina web, annuncio pubblicitario, titolo, foto o modulo.

Se intendi eseguire un A/B test, maggiore sarà il numero di visitatori sulle tue pagine, più significativo sarà il risultato statistico che raggiungerai. In ogni caso, ogni volta che conduci un test A/B ottieni informazioni preziose sulla tua attività ed hai l'utilissima possibilità di verificare come le persone rispondano a parole o offerte differenti. Sei tu a decidere la quantità di test da effettuare per perfezionare le tue campagne testando continuamente nuovi elementi. Con l'avvento di internet, i test A/B sono alla portata di tutti senza grandi costi per il tuo business.

DISCLAIMER

Tutti i marchi registrati e loghi citati in questo libro appartengono ai legittimi proprietari.

L'autore non pretende né dichiara alcun diritto su questi marchi, citati solo a scopo didattico.

Sebbene i contenuti di questo libro vengano periodicamente aggiornati e modificati, non l'autore non può escludere che al loro interno vi possano essere errori e/o omissioni che in qualche modo mettano in dubbio la correttezza delle notizie fornite.

L'autore in questo caso non si ritiene in alcun modo responsabile di eventuali danni conseguiti a quanto pubblicato. Anche l'elaborazione dei testi, seppure curata con scrupolosa attenzione, non può comportare specifiche responsabilità per involontari errori o inesattezze.

NOTE

www.ingramcontent.com/pod-product-compliance
Lightning Source LLC
Chambersburg PA
CBHW070809220526
45466CB00002B/601